발자국마다 고인 행복

박종윤 시집

도서출판 문예사조

■ 시인의 말

수필문학에 삼십여 년간 가까이 하고, 써 오다
인생 팔에 가까운 나이에
첫 '시집'을 냈습니다.

늦깎이 시집을 내면서
세상만사를 굳어 버린 편견으로 보고 느껴
이미 선배 시인들이 쓴 시를 흉내내지나
않을까 하는 조바심을 떨쳐 버릴 수가 없었습니다.

평소 생활 가운데서 애정 어린 눈길로
다양한 각도와 깊이로 보고 생각하며 느껴
누구나 읽고 고개를 끄덕이며
호주머니에 넣고 여행을 떠나며
일하다 잠시 짬을 내어 펼쳐 보는
詩를 쓰고 싶었습니다.

더불어 힘들게 사는 이웃들에게
조금이라도 위로와 격려가 되고
잔잔한 미소를 주며 일상생활에서 평안함을 주는
詩가 되었으면 하는 바람입니다.

여기까지 오도록 격려해 주신 모든 분들과
곁에서 응원해 준 내자에게
고맙다는 인사를 드립니다.

        2022년 4월

                봄빛 잔란한 書齋에서
                미정(嵋情) 박 종 윤

Contents

◪ 시인의 말 _ 2

제1부 솟구치는 새 태양을 바라보며

11 - 솟구치는 새 태양을 바라보며
12 - 아파트 숲 별빛
14 - 보름달
15 - 곰배령 산마루에서
16 - 개울물 소리
18 - 언덕배기 노인이 투덜대다
20 - 이런 젊은이도
22 - 트로트 시대
23 - 이상한 숫자 놀이
24 - 염원
26 - 마스크
28 - 전철 안에서
30 - 산악 등반인
32 - 아직 실버 젊은이
34 - 곤돌라를 타다
36 - 귀뚜라미
38 - 새해 새 아침에
40 - 설날

Contents

제2부 거울 안에 너

- 43 - 거울 안에 너
- 44 - 부자(父子)의 사랑을 보다
- 46 - 전속 스타일리스트
- 48 - 사랑의 온도
- 50 - 칠첩반상
- 51 - 먼 길 떠난 형님
- 52 - 양달과 응달
- 53 - 손주
- 54 - 사랑의 질
- 56 - 무한의 색깔은
- 58 - 이제 철들다
- 60 - 강아지
- 62 - 명절
- 64 - 하루맞이
- 65 - 가습기
- 66 - 오늘은 우수(雨水)란다
- 68 - 그리움

Contents

제3부 색채(色彩)의 향연

- 71 - 봄날은 온다
- 72 - 봄
- 73 - 프리지어
- 74 - 불볕더위
- 76 - 매화나무에 튀밥
- 78 - 벚꽃
- 79 - 하와이무궁화
- 80 - 사월에
- 81 - 오월 숲에서
- 82 - 7월이 오는 길목에 서서
- 83 - 이파리 일생
- 84 - 매미
- 86 - 단풍은 냇물이 되어
- 88 - 문주란
- 89 - 국화
- 90 - 색채(色彩)의 향연
- 92 - 잠든 아카시아 곁을 지나며
- 94 - 무명초
- 96 - 이 가을에
- 97 - 솔 분재 앞에서
- 98 - 뒤돌아보며

Contents

제4부 발자국

- 103 - 발자국
- 104 - 긴 그리움
- 106 - 인생 석양이 되어서야
- 108 - 긴 한숨
- 110 - 부품을 바꾸고서
- 112 - 반 뼘의 거리
- 113 - 그냥
- 114 - 책갈피
- 115 - 기다림
- 116 - 세월
- 117 - 안양천에서
- 118 - 연당(蓮塘)에서
- 120 - 안동잔치국수
- 122 - 탄천을 거닐며
- 124 - 하이원에서
- 126 - 삼악산에 오르며
- 128 - 이효석 문학관을 찾아서
- 130 - 설악산 가는 길에

■ 작품해설 / 김송배 (시인, 한국시인협회 심의위원) _ 133

1부

솟구치는 새 태양을 바라보며

솟구치는 새 태양을 바라보며/ 아파트 숲 별빛/ 보름달/ 곰배령 산마루에서/ 개울물 소리/ 언덕배기 노인이 투덜대다/ 이런 젊은이도/ 트로트 시대/ 이상한 숫자 놀이/ 염원/ 마스크/ 전철 안에서/ 산악 등반인/ 아직 실버 젊은이/ 곤돌라를 타다/ 귀뚜라미/ 새해 새 아침에/ 설날

솟구치는 새 태양을 바라보며

먼~ 먼~ 동해 수평선 위로
   산
산　산들 머리 위로
희망, 사랑, 평화의
혼(魂)이 토해 낸
여의주(如意珠) 불덩어리가
새 하늘 문을
박차고
2022년 새 태양으로
솟구친다

환희(歡喜)의 함성(喊聲)이
흰 날개를 달고 방방곡곡
가가대소(呵呵大笑)로 번진다.

2022. 1. 1

아파트 숲 별빛

코흘리개 시절
별들이 총총한 여름밤
보릿대 불에 쑥대를 얹어
매캐한 냄새와 연기가
골목길을 휘감고 돌면
꼬마 동무들은 하나 둘씩
마당에 모여들었다

우리들은
멍석 위에 벌렁 누워
별 수를 닮은
옥수수 하모니카를 굴리면서
할머니 옛 이야기에
귓바퀴를 곤추세웠다

호랑이가…
"아이, 무서워! 할머니 그 다음엔~"
우리들은 가슴 졸였지만
눈방울은 별빛 닮았었다

별똥별이 화살 되어
허공을 뚫으면
탄성을 지르면서도 별을 헤아렸다

"별 하나, 나 하나
별 둘, 너 둘 …"
밤새워도 셀 수 없었던
그 별들이

한밤중
키다리 아파트 숲에
촘촘히 박혀 있다

사랑스런 이들이
눈높이 맞추며 사는 넓은 품안
그곳에
초가지붕 코흘리개 동무들
눈망울도 어른거린다.

보름달

낮잠이 너무 길었나
자리 털고 뛰쳐나오니

숨죽인 밤하늘에
해맑은 둥근 얼굴이
미소로 바라본다

짙은 야생화
향기에 취한 이 밤에

은색 정(情) 가루를
듬뿍 뿌리고 있다.

곰배령 산마루에서

오월 곰배령 산마루는
길손에게 손짓한다

봄의 선율로
허공에 곡선으로
그리고 그은
산 밀림 안으로
빨려든다

내 노구(老軀)를
저 녹파(綠波)에 던져

생기 넘치는
젊음을 되찾고 싶다.

개울물 소리

머릿속이
뒤얽힌 실타래가 될 때
산책은 머릿속을
빗질하는 시간이다

산길 따라
들려주는 개울물 소리는
개울이 작곡하고
연주하는 심포니다

머리칼 휘날리며
이 곡 들으며 걷노라면
몸에 날개가 돋는 듯
발걸음이 산길을 스친다

세상사 하얗게 잊고
흥얼거리며
바위에 걸터앉아
청계수(淸溪水)에
발을 푹 담그면

청량감(淸涼感)이
뼛속 깊이 젖어든다

지그시 눈 감으면
내가 곧 물이요
물이 내 자신이 된다

물아일체(物我一體)의
경지(境地)가 아니겠는가.

언덕배기 노인이 투덜대다

골목길 언덕배기에
허리 꾸부러진 할멈
헛기침으로 여생을 이어 가는 할아범

지팡이로 발을 끌고 오르내리며
바람구멍이 송송 뚫린
흙집에서 삶을 펼쳐 왔다

해와 달이 숨바꼭질하듯
매일 찾아들어도
햇살은 잠깐 쉬었다 가는
인기척도 희미한 이곳이지만
시끌벅적한 소리가
밖으로 쏟아져 나갔다

침침한 방 윗자리에
터줏대감으로 자리한
티브이 화상(畵像)에서
인생의 희로애락을
온몸으로 보여주는 소리였다

리모컨으로 '세상만사가
이 손아귀에 있소이다'를 외치듯
이리저리 굴리며 하루를 열고 닫아 왔다

이젠
옛 '땡전' 때처럼 '코로나19'로
막을 열고
숫자와 도표 나열로 윽박지르니
귀가 방향을 틀었고
티브이 소리가 자지러지고 있다

티브이는
소식과 앎을 거울로 보여 주고
즐거운 삶의 숲으로 이끌어 주며
애환을 함께하는 친구였었는데.

2022. 2. 7.

이런 젊은이도

눈을 두리번거려도
전철 안은 내가 비집고 앉을
자리는 없다

경로석 맞은편
빈 공간에 기대어
명상에 잠겼다

꿈결에 들리듯
"여기 자리 있어요."
미소년이 뛰듯 걸어와
미소로
자리를 권한다

'세월이 없어 순
허연 머리를 보고
노약자로 보였나 보다'

"고맙다."는 말로
사양(辭讓)을 거듭하니

"전 다음 역에서 내려요."

말이 오고 가는 사이
약삭빠른 이가
자리를 꿰찬다

그 청년은
그 다음 역에도
창문에 기대고 있었다

전철 안에서
떠밀려
앉은 젊은이 앞에 서게 되면
눈을 지그시 감아 버리는데…

며칠 시간이 흘렀는데
훈훈한 그 청년이
눈에 밟힌다.

트로트 시대

난세엔 영웅이 칼을 높이 치켜들고
위기를 승리로
환호하는 군중 앞으로
늠름한 모습으로 다가선 용사

코로나19에 점령당한 지구
흰 가운 입은
주사기 치켜든 용사들이
전선으로 돌진했으나
밀리고 밀린 우울한 나날들

삶의 구석구석에서
애달픈 한숨 소리
안방에선
트로트가 춤추고 있다

생과 사의 갈림길에서
먹구름이 가득한 얼굴에
울리는 한 가닥 희망 가락이
마음속으로 파고드는
애잔한 소리여.

2022. 1. 15.

이상한 숫자 놀이

코로나19는
숫자를 달고 탄생했다

휘돌면서
숫자 놀이가 시작됐다

식당, 사적 만남은 4, 1, 풀어서 6
모임은 49, 299, 더 위는 승인
식당, 영화관은 21
반복하여 다시 거리두기 연장 2, 늘려서 3

우린 어리둥절한데
코로나19는 숫자를 잘도 헤아린단다

대형 점포 손님과
출퇴근 전철에
오르내리는 숫자는 예외다

옛 리어카 엿장수는
가위 가는 대로 엿을 잘라 주었었다.

2022. 1. 15.

염원

갈매기 잠시 쉬어 가는 섬
반나절만 햇살이 머물다 가는
산골마을도
우리네 강산

타고르가 노래한
동방의 아침 나라

밤 항구 대낮이 되어
배 위에 산적된 땀방울의 결실들이
들고나는 화물선의 고동 소리
활기찬 하루를 열고 닫는다

코로나19로
생활 밑바닥이 드러난 오늘에
자라나는 세대들이
다시는
배곯는 시절이 없기를

이 땅 위에 한숨 소리
멎게 하시고

긴긴 시간에 함박웃음이
담쟁이넝쿨 되게 하소서

오순도순 우리네
정 보따리로
꽃 피운 이야기로

방방곡곡 가슴팍에
파고들게 하소서.

마스크

코로나19에는
마스크 써야 살 수 있다고
침방울(飛沫) 튀도록
티브이가 외쳐 댄다

그냥 산 오르려다
입구에 걸린 현수막 보고
마스크를 만지작거리다가
참나무, 아카시아들을 보고
마스크를 집어넣었다

맑고 신선한 산소를
무한대로 무균으로 숨결로
내뿜어 주는데

사람과 사람의 만남은
코로나 숙주(宿主)와 만남이 되어
반가움은 밀려났다

등산객들이
입에 마스크 걸치고 가는
연유를 알 것 같다

먼발치 인기척 소리에
코 위까지 치켜올리는
손놀림 약삭빠름도
알 것 같다

마스크는
콧잔등에 걸친
코로나19 방패(防牌)다.

전철 안에서

가는 시간 틈새 좁히고자
전철에 몸을 실었다

전철 승객들
입엔 마스크 방패막이 차고
시선은 스마트폰 위아래로
불안을 덜며

오르고 내리는 승객에게는
눈길조차 주지 않는다

"에이 취~"
'누가 내 말하고 있나'

한 번의 '재채기'에
폭탄물이 터진 전쟁터에서
병사들이 땅에 엎드리듯
옆 중년남자 승객이 고개 획 돌린다

그 후로
그분의 고개는 돌아오지 않았다

코로나19는
앓고 사는 현대인들에게
'군중(群衆) 속의 고독'을 넓디넓게 퍼뜨렸다.

산악 등반인

산 정상에 올라
"야호!"
두 손 번쩍 들고 외치지만
산자락에 온전히 내려와
숨을 고르게 쉴 때가
진정한 정복자

봉우리만 치켜뜨고
올랐기에
하산 길은 낭떠러지

히말라야 정상에 국기를 꽂고
눈 속에 묻혀
신발 흔적도 지워졌다면
이는 외발만 오른 것

태고의 큰 바위처럼
오르면 정상에 우뚝 자리하고
갈채(喝采) 소리만 들려
하산 길을

전설(傳說)로만 기억하는
산악인은 어리석은 자

"야호!"
마침 뒤에 들리는
"휴우!"
따르는 통쾌한 웃음
진정한 멋을 아는
산악 등반인(登攀人).

아직 실버 젊은이

신문을 펼치다
웃음 띤 은발 노파(老婆)가
눈 안으로 다소곳이 끌려든다

97세에 새 음반 내는
폴란드계 미국 여성 피아니스트
슬렌친스카

3세부터 피아노 치기 시작
역사상 최장 피아노 경력자로
3월에 독주곡집 『음악 속의 내 삶』을
발표 예정이라고

음악은 내게
삶과
사람들 이해하는 법을 가르쳐 준단다

산에 누워 있거나
집에 누워 있을 나이인데

꺼져 가는 열정에
젊은 피에 기름 부어
타오르는 예술 창작 열기로
삶의 예술혼을
활활 살려 가고 있다

뒤통수 얻어맞는
이 벼락 치는 뉴스에

구부정히 행세했던
내 모습이 부끄러워
허리를 곧추세웠다.

곤돌라를 타다

태양이 이글이글 용광로
쇳물처럼 빨간 칠월 하순

공부 쉼의 짬을 내어
찾아온 어린 손자에게
분단의 슬픈 우리 현실을
가슴에 기억해 주고 싶어
임진각을 찾았다

우리 한반도
아픔을 지닌 흙탕물 임진강이
남북 철조망 사이로
흐느끼며 남쪽으로 한강으로
눈물범벅으로 흐르고 있었다

곤돌라를 타고
임진강 위를 지나며
허리 잘린 농토와 산의 아픔을
눈시울로 느끼며 강물만 바라봤다

조국이 오랜 세월
오열(嗚咽)하고 있었음을
온몸으로 느끼며
두 동강난 산하를 묵묵히 바라보는
손자는 무슨 생각을 하고 있을까 …

흐느끼듯 곤돌라가 우리를 건네주었다.

귀뚜라미

훌쩍 지난날
시골 집 섬돌 위 눈썹마루 밑에서
귀뚜라미 청아한 목소리에
귀 기울이면
성큼성큼 가을이 다가왔었다

이웃 나라 '뮬란' 영화의
한 모퉁이에서
귀뚜라미 싸움판을 벌여 놓고
혈투 승패에 구경꾼들 소리만 그득하다

우리 곁에도
서로를
매일 싸움판에 끼리끼리 붙여 놓고
미소 지으며 팔짱 끼고 즐기는
게임장 주인이 있다

서로 피를
토하며 사경을 헤매는데도
딴 곳에 새 게임장을

이젠 고개를 바로 하기에
눈꺼풀이 무거워진다

이렇게 한 해도 저물어 가나 보다.

새해 새 아침에

백지 수표(手票) 새해에
짙푸른 꿈의 태양을 향해
출발선에서 간절한 바람을
두 손끝에 모은다

동해 바다를 박차고 솟아오르는
새 아침 햇살 창(槍)으로
우리 몸속 구석구석의 균들을
남김없이 무찔러 주시기를

국민 하나하나 얼굴에
화색(和色)이 감돌며
가슴마다 맺힌 앙금이 녹아
봄 냇물 되게 하시기를

직장과 일터에서 땀 흘리는
값진 몸이 되고
배움터에서
희망을 체득토록 도와주시길

어르신들이 굶주리며 다져놓은
이 땅의 초석(礎石) 위에서
젊은이는 세계를 향해
웅비(雄飛)하게 도와주시기를

위정자(爲政者)를 쳐다보고
낯을 찡그리지 않게 하며
횡(橫) 철책을 염려하는
일이 없도록 도와주시길

평안(平安)한 맘으로 서로를 반기며
바람들이 온전히 이루어지는
밝은 새해가 되기를
두 손끝을 간절히 모은다.

설날

설날은 한 해 출발선이다

한 해 동안 가야 할 길을 그리며
폭과 길이를 조절하여
달리듯 걸어갈 수밖에 없는
삶의 출발선이다

선수가 출발선에서
숨을 발끝까지 들이마시고
움츠리며
먼 한 점을 응시하듯

이룸이 눈앞에 펼쳐지기를
굳게 다문 입술로
출발선에 서서
한 해를 맞는다.

2부

거울 안에 너

거울 안에 너/ 부자(父子)의 사랑을 보다/ 전속 스타일리스트/ 사랑의 온도/
칠첩반상/ 먼 길 떠난 형님/ 양달과 응달/ 손주/ 사랑의 질/
무한의 색깔은/ 이제 철들다/ 강아지/ 명절/ 하루맞이/
가습기/ 오늘은 우수(雨水)란다/ 그리움

거울 안에 너

거울 앞에 서면
마주 선 낯익은 얼굴이
나를 빤히 바라다본다

씽긋 눈웃음 지어도
얼굴 잔주름을 펴 봐도
번민의 한숨을 몰아쉬어도
그는 머뭇거림이 없다

그는
나와 천생연분이었나 보다

이웃들이 하나 둘
잠자리에 들 듯
내 곁을 떠나도

내일도 거울 속에
네가 있기에
난 외롭지 않다.

부자(父子)의 사랑을 보다

공원에서
앙상했던 나뭇가지마다
새살 돋는 젖비린 향기를
즐겨 맡으며
봄맞이 걸음을 재촉했다

십여 걸음 앞에
사십 줄에 선 건장한 남성이
그보다 뒷모습이 작은 이와
마주 서 있다

건장한 남성이
페트병 물을 한 모금 마시고
작은 이에게 물을 건네니
냉큼 받아 마신다

미소로
껴안아 주고 등을 토닥거리니
작은 이도 따라서 토닥여 준다

낯선 광경이기에
옆을 스치며 곁눈으로 훔쳐보고
흠칫 놀랐다

작고 깡마른 이는
세월의 깊은 골이 패인 얼굴
허리 굽은 노인
이젠 훌쩍 커 버린 아들과 마주하며
웃음을 건네는 모습은
천진(天眞)하고 애잔한 어린아이다

어느 유명 화가도 그 모습을 담아
감동의 깊이를 표현하기에는
화폭이 좁고 고운 색이 부족하리라

이젠 아이가 되어 버린 아버지
아들이 아버지를 다독여 주는
눈물이 얼룩진 공원길을
팔짱을 끼고 하얀 이를 드러내며
당당히 걷는 모습에

구름 그림자도 비켜 간
하늘인데도
부자간 나누는 사랑에
눈물이 고여
뿌연 공원이 되었다.

전속 스타일리스트

내게는 단골 코디가 있다
그렇다고 급료를 준 기억도 없으며
더구나 내가 고용하지도 않았다

거울 앞에서
외출 마무리를 하고 있으면
어느 새
내 둘레를 빙빙 돌며
옷매무새를 고치고 있다

얼굴이 꺼칠하다고
스킨과 크림 화장품을 건네며
듬뿍 바르고 나가란다

신을 신으려 고개를 숙이면
어느 새 아담한 물뿌리개로
화초에 물 주듯
뒷머리를 흠뻑 적신다

"뭉개고 자다가 일어난 쑥대머리야."
잡초 뽑듯 머리칼
여기저기를 정리하지만
아픔을 호소하며
짜증스런 표정을 지어도 막무가내다

이런 코디를 피하여
고양이 걸음으로 나가려 해도
매번 실패다.

사랑의 온도

손짓 하트를 허공에 그리듯
띄워 놓고
"사랑해요!"

손끝, 혀끝 사랑이 잠시
허공에 고추잠자리 되어 맴돌다
웃음소리와 함께
물수제비가 된다

끝 사랑 여운이 가시기 전
대금에 실려 이별가로
한밤중에 슬피 들려오며

별곡으로
10년도 겨우 살았고
20년은 싫증난 삶이었다고
사설(辭說)을 늘어놓는다

칠, 팔순의 사랑은
은파(銀波)에 실려 가슴에서

가슴으로 이어져
심장박동 소리로 전해졌다

흙무덤 가는 날까지
멀고도 험준한 삶을
둘이 나누어 짊어지기로
해, 달님 아래
맥박이 요동치게 맹약했다

땀방울로 얼룩진 무명옷을
걸치고 함께한 세월은
소 힘줄보다 억세었으나
밤하늘 별빛처럼 고운
하트루비였다

사랑은 입발림이 아닌
심해(深海)에서 들리는 숨소리
떨림 속에서 함께 앞날을 그리는
멋진 한마음의 동그라미다.

칠첩반상

저녁 밥상
깔끔한 종발(鍾鉢)에
정갈스럽게 차린 음식
여섯 가지다

탕(湯)이 빠진데다가
비늘과 네 발이 안 보인다

밥맛이 뒤로 엉덩이를 빼기에
'뭐라고 말할까'
…… ……
아내가 얼른
자리에 앉으며
"방긋을 더하면
칠첩반상이 되지 않소."

미소 띤
아내 얼굴
그냥
한 번 바라보고
저녁을 들었다.

먼 길 떠난 형님

동기간으로
네 송이 들꽃 향기로 자랐는데
서로 다른 둥지를 틀더니
찌들은 세월의 조각배가 되었네

탁류에 떠밀려
시름과 고뇌를 안고
안으로 삭이며 살더니
병고에 허옇게 얼룩진 세월

어느 날
석별지정(惜別之情)도 나누지 못하고
훌쩍 하늘나라로 떠나니
둥지에 남은
가솔들의 에진힘만 그득하오

생의 끝점은 모두 한 곳이라기에
슬픈 마음을 다독거리며
훗날 재회의 날을 그리나
목메어 눈시울만 붉어지는구려.

2018. 1. 6.

양달과 응달

장갑 낀 손끝이
살바람에 아리다

길가 새끼 언덕
북쪽에는 눈이
그 너머에는
햇볕이 쨍

벤치 밑 그림자에는
어두운 눈
비켜 간 주위는
햇살이 그득

응달과 양달의 거리는
거기가
거긴 듯 보이는데

부모 삶 온도차로
응달 자식들이
힘겨워한다.

2020. 12. 22.

손주

네 아빠
너만 했을 무렵
내가 숨가쁘게 살아왔기에

눈을 지그시 감을 때만
내 앞에
아른거렸는데

눈을 지그시 감아도 눈을 떠도
천연덕스럽게 조잘대는 개구쟁이
토닥거리고 싶은 너.

2018. 5 .10.

사랑의 질

우린 미소의 눈빛
토닥거림이
애정 표현 나체였다

온돌방 구들장 사랑으로
자식 뒤치다꺼리로
함께한 세월로
엮어진
반려자 하트였다

너흰
두 팔과 손끝 하트
엄지, 검지 하트
호주머니에서 꺼내는 하트로
마음의 뜨거움을 쏟아 놓으며 그려도
한과(韓菓) 사랑이다

고소하지만 속 빈 강정이었고
보기 좋으나 끈끈함이 없는
부서지기 쉬운 사랑이다

세월로 쌓은 정을
지루하다고 눈길 돌리는
찰나의 하트다

부서진 가정에
애완견이
꼬리를 흔들고 있다.

무한의 색깔은

밤하늘엔
검은 비단에 흩뿌려 놓은
보석들
아기 눈망울들

담긴 하늘 높이를 알고 싶어
이른 아침 햇살 뒤로
고개를 젖혔지만
모두 시퍼런 색

소금 맷돌의 바다 전설
난파 해적선 이야기에
보물 한 점이라도 보일 것 같아
바다로 고개를 숙여도 숙여도
모두 시퍼런 색

어버이 가슴 폭과 깊이를
헤아려 보고
들여다보아도
모두 시퍼런 색

자식은
일생 동안
어버이 품속에서 허우적댄다

무한(無限)은
시퍼런 색인 것을.

이제 철들다

아내가
굉음 청소기를 밀고 다니다가
쓰레기 모인 통을 보인다

내 몸 부스러기들이다

땀방울 영롱한
푸성귀, 과일들로 빚은
음식 예술품들

몸속에서 자지러지듯
생명의 에너지로
내 몸을 가꾸어 왔다

머리, 심장, 몸뚱이는
시침(時針) 소리 따라
야무지기만
하는 줄 알았다

쓰레기 더미에서
점점 줄어드는
가냘픈 자신을 보며

걷고, 뛰면서
날고자 발버둥 쳤던
지난날들이
스쳐갔던 필름이었음을

철들게 했다.

강아지

"아이구, 우리 강아지 왔구나!"
팔 활짝 벌리고 뛰쳐나오셨던
입가 함박꽃만 덩그러니 핀
합죽이 우리 외할머니

뛰어가 품에 안기면
쭈그렁 얼굴로 내 볼을 비벼 대니
오랜 세월 숙성된 할머니 체취
토닥이며 불러 주신 '우리 강아지'
외가는 엄마 꾸중, 도피처였다

공원 벤치에 앉은 사십 대의 한 여인
옆에 놀던 강아지가
천방지축으로 날뛰어 가니
"꽃님아, 엄마 여기 있다."
힐끗 보더니 뛰어가 안긴다

강아지를 '아들, 딸'로
자식 자리에
강아지들이 재롱부리고 앉아 있다

지난날
외할머니는
앞일을 예견하셨나 보다.

명절

명절이
큰 발자국으로 성큼 다가오면
지워질 뻔했던
고향길이 활기를 띤다

가는 이나 맞는 이들
마음 둥지 안에서
기린 목이 된다

주름투성이 부모님은
동네 입구에 서서
그리움을 눈으로
끔뻑거리며 망부석이 된다

달려오는 손주들
끌어안고
볼을 비비대며
닫혔던 웃음보 터뜨리니
아팠던 허리, 무릎이 거짓말처럼 낫는다

고향 밤은 짧고
동네방네는 시끌벅적하다

명절은 우리 삶의 활력소다.

하루맞이

거실 가리개가 눈을 치켜뜨니
햇살이 아침을 빗질한다

몰려드는 환희의 함성에
가슴 문이 활짝 열리고

숯덩이 애간장이
물수제비처럼
자지러지는 아침이다

손바닥에 내 몸무게를 담아
빛살물결로 두 손 모으니
불끈 힘 솟는 하루의 첫걸음이다.

가습기

자고 나면 코 속이
가뭄에 논바닥

옛 신부 탄 가마 안에
뽀얀 요강 단지
뚜껑에 거짓말 피노키오 코가 달린
가습기 한 대를
잠자리 곁에 두었다

이 외콧구멍에서 밤새도록
뿜어대는 김으로
촉촉하고 넉넉한 잠을 청한다

밤에는
개구쟁이 피노키오가
나에겐
숙면의 친구.

오늘은 우수(雨水)란다

동네 공원을 거닐다
머리가 희끗희끗한 두 여인이
매화를 바라보다
탄성을 지른다

나도 발걸음 멈추고
시선을 따라가 보니
가지마다 분홍 이슬망울들이
떨어질 듯 터질 듯

호숫가
수양버들 피부 빛깔이
상큼한 연록으로
생기를
되찾아 가고 있다

갈대숲 백로 한 쌍이
목을 길게 빼고
두리번거리다가
한껏 부푼 햇살을 타고

괜스레 호수 한 바퀴
시원스럽게 돈다

켜켜이 입었던
윗옷 단추를
살며시 풀어 젖히니

숨 가쁘게
품속으로 와락 안기는
뽀얀 봄 입김에
실려 온 살바람

먼 산 진달래
뜨락 개나리, 산수유도
뻐꾸기 소리에 묻어 올
꽃소식을 기다리는

오늘은 우수(雨水)란다.

그리움

너럭바위에
녹음(綠陰) 방석을 깔고 앉아
산골짝 감도는 냇물에
발을 담그니
점점 가까워지는
장대 타던 친구들 모습

지난날 보고픔에 자란
색유리 조각들을
낙락장송에 매어 두었더라면
잔잔한 미소로 번질 것을

망각의 늪에서
주워 올린 영롱한 루비들
아직 심장에 살아 있는 그 얼굴들
기러기 한평생이 되지 않기를.

3부

색채(色彩)의 향연

봄날은 온다/ 봄/ 프리지어/ 불볕더위/ 매화나무에 튀밥/ 벚꽃/ 하와이무궁화/ 사월에/ 오월 숲에서/ 7월이 오는 길목에 서시/ 이파리 일생/ 매미/ 단풍은 냇물이 되어/ 문주란/ 국화/ 색채(色彩)의 향연/ 잠든 아카시아 곁을 지나며/ 무명초/ 이 가을에/ 솔 분재 앞에서/ 뒤돌아보며

봄날은 온다

여리디여린 색이
어리디어린 싹이
봄을
굴리고 온다

개나리꽃잎 문
"삐약삐약…"
산골짝 얼음 녹는
"좔좔…"
봄을
몰고 온다

예서제서
해맑은 미소로

풋풋한 얼굴로
봄날은 온다.

봄

하품 따라
늘어지게 기지개 켜는
흰 비행기가 하얀 실금을 그으며
봄나들이 간다

매화가 앞장서고
진달래 바짝 뒤따르며
개나리, 백목련이 나란히
거무튀튀했던 색을 밀쳐내고
치장하며 찾아든다

땅바닥에 바짝 웅크린 노란 민들레
옹기종기 제비꽃과 봄까치꽃
쑥쑥 자란 쑥을 캐어
끼니를 때우는 나물 뜯는 사람들꽃

길 따라 벚꽃이
흐드러지게 흩날리니
구경꾼들 활짝 열린 입에
벚꽃잎이 알알이 박혀 있다.

프리지어

2월 창 밖에는
분홍 연필 깎는 칼날
매운바람이 스쳐가고 있는데

밖에서 돌아온 아내 손에
갓 핀 프리지어 한 움큼
봄을 들고 왔다

프리지어 봄 내음에
울타리 밑으로

병아리 떼들이
실바람에 끌려
몰려오고 있겠다.

불볕더위

땀방울이 목줄기를 타고 내려오고
숨이 헉헉대기 시작하여
앉았다
섰다를 거듭한다

미간을 찌푸리며
들고 있는 종이 쪼가리를
손부채로 흔들어 대며
벌겋게 달아오른 하늘을 치켜 본다

'아이 더워!
이놈의 더위는 언제 물러가지'
볼멘소리로 중얼거리니
땀방울이 소나기가 된다

'땀방울이 콧잔등에 송골송골해야
여름이지
눈썹 위에 서리가 앉아야 여름이냐'
마음을 가라앉혀 본다

세상만사를
자기들 틀 속에 집어넣어
네모로, 세모로 만들려 애쓰니
이 여름을 더욱 달군다

살맛 없는 세상이
다가오는 듯 보이는 듯
불볕더위가 자리뜨기를 기다리며
긴 숨을 내뱉으며
허공을 바라본다

민심(民心)은 천심(天心)이라.

2021. 7. 26.

매화나무에 튀밥

매운바람이 힘을 잃어 갈 무렵
까칠한 매화나무에
아기 강냉이 튀밥이
튀어 올라붙고 있다

봄은 겨우내 움츠렸던
매화나무 속 터짐으로
시작되나 보다

어릴 적
구석진 동네 골목
"뻥이요."
아저씨 외침 소리와 함께
굉음이 골목을 휘감고 돌 때

동네 꼬마들은 뛰쳐나오고
튕겨 나온
'뻥 튀밥'이
그들 벌린 입속으로 빨려들었다

보릿고개를 넘는 그 시절에는
튀밥처럼 요술 쌀보리가 되어
뱃속을 채워 줬으면 하는
바람이 컸었다

달려온 눈부신 세월에
그 고개가 도마뱀 꼬리가
된 줄 알았는데

길가 손님 부르는 건물 하나 둘
문 닫혀 가는 모습이
꼬르륵 소리로 들려 눈물이 고인다

매화꽃을 군자의 덕성으로 노래한
허리띠 졸라맨 그 시절에도
마음만은 서로 보듬고 살았었다.

2021. 11. 8.

벚꽃

칙칙한 이른 봄
해맑은 웃음으로
찾아온 봄의 전령사

하늘 가득 축제 한마당
겨우내 얼었던 가슴이
한꺼번에 녹아
핀 꽃송이들

닫혔던 입들이
일제히 흰 이를 드러낸
환호성이
날개에 꽃잎을 달고
내려다보고 있다.

하와이무궁화

창밖엔 떡갈나무 잔가지가
바르르 떨고 있는데
어둠을 뚫고 고개를
내민 하와이무궁화 한 송이

화사한 숯불에
아침이 담겼다

하루의 훈훈함을
향기로 그득 채워 주고 있다.

사월에

눈동자
구석구석에
연초록을 채웠더니
온 천지가
신록이 되었다

'코로나' 발붙이지 못하는
유토피아를 그리니
새들이 먼저
하늘을
훨훨 날았다

우중충한
삶에서 벗어나고자
앞산에 눈길을 주니
개나리꽃, 진달래꽃, 벚꽃이
환한 미소 가루를 뿌려 주었다

찌든 삶도
자연에 눈길을 주고받으니
지금 발 디디는 곳이
즐거움으로
가득 채워져 있었다.

오월 숲에서

오월 잎새 손짓에
뛰쳐나가니
장끼 한 마리 놀란 듯 울어 대고

진초록 숲정이 호수에
허우적대는
낯익은 나그네 영상

화필을 드니
손이 먼저 알고서
화폭 가득 채운 초록 물방울들

고개 치켜든 오월 숲은
얼룩진 마음까지 닦아 내는
비난 손수건.

7월이 오는 길목에 서서

7월이 오는 길목에 서니
무지개로 빚은
맑은 햇살

숲속으로 박새 한 마리
헤집고 간 길에
갈맷빛 생기가 넘친다

7월 가슴이
토해 내는
열정, 땀 냄새로
범벅이 된 우리 젊은이들

사면초가(四面楚歌)에
뽀얀 전운(戰雲)으로
갇혀 있으니

어느 세월에
밝은 앞길이 보이려나

오늘 밤잠도 설칠 것만 같구나.

이파리 일생

참새 숨결에도 미동(微動)하던
여리디여린 잎이
가랑비 맞고 뇌성벽력에
턱밑이 보송보송
억센 털로 짙게 변하더니

현란한 가을이 오니
나뭇잎 속은 이미
붉게 타 들어가고

화려함 뒤에 오는
공허를 간직하고
바람결 따라 낙엽으로
나뒹굴다

눈이 오면 소복차림으로
눈을 감으며

눈 뜨는 봄이면
햇살이
영롱한 아침 이슬 새싹을
수(繡)놓는다.

매미

여름철의 정기 연주로
매미 떼 코러스가 한창이다

산골 매미는 곱고 부드럽게
도회지 매미는 억세고 야단스럽게
생명을 다하는 2주일간 절규의 노래 속에
여름은 점점 짙어만 간다

매미가 소리내기에 여름이 덥다고
덥기에 매미 소리가 요란스럽다고
투덜대지만
깊은 협곡의 활기찬 물소리다

살며시 눈 감으면
산짐승들의 소식 안고
폭포 물안개를 품고 떨어지는
시원스런 메들리다

매미는 오덕(五德)을 갖추었다고
왕이 곤룡포에 익선관(翼蟬冠)을 써서

선정 베풀기를 잊지 않았다 하니
하찮은 미물로만 치부할 수는 없다

'하이에나'가 물고 뜯는
동물 왕국보다
인간 정글의 소용돌이 속에
들끓는 아우성은
매미가 귀를 막고 살게 한다

찬바람에 매미 소리가 자지러지듯
오늘에 사는 우리에게도
매서운 바람이
언제 몰아칠지 모른다.

2021. 8. 13.

※ 五德 - 文, 淸, 濂, 儉, 信

단풍은 냇물이 되어

단풍은 냇물이 되어
하늘 호수 가까운 가지 잎사귀부터
변복(變服)하더니
온 산에 흥건히 젖어 흘러내렸다

단풍은 가을 메신저
바람에 휙 던져 준 한 장의 서신
한 해는 붉으락푸르락
온 산에 온통 우리네 마음이 걸려 있다

산딸나무는 매몰차게 스쳐오는 갈바람에
가슴을 움츠리며 떨더니
거무튀튀한 몸뚱이에
뿔난 잔가지만 앙상하다

지친 몸이지만
세찬 바람과 혹설에도
기다림의 시간을 몸에 축적하여
온기를 아끼며 새날을 기다릴 터

훈풍에 가지 순이 기지개를 활짝 켜고
병아리 하품에 파르스름한 피가 약동하는
진달래 향기에 실려 오는 봄날을
손꼽아 기다리련다.

문주란

실오라기 날리는 소리도
들리는 거실 한편에서
폭죽을 터뜨렸다 놀이가 막 시작됐다

힘껏 치솟다
숨죽이며 폭죽으로 활짝 펼친 꽃송이
짙은 향기로
주워 온 화분 꽃들이 혼절했다
나도 꽃들을 따랐다

내 삶 깊숙이
이 향기를
맑고 곱게 간직하였다가
힘겨운 시름에 잠길 때
아, 향기로
자신을 겹겹이 씻기고 싶다.

국화

활짝 핀 국화 가을 한 그루를
품에 안아 거실 안자락에 두었더니

노랑나비 떼들이 몰려와 앉아 있기에
향기를 앗아갈까 저어하여

손사래 치니

향기를 듬뿍 뿜어내어
눈을 사르르 감게 하고
내 입꼬리를 올리게 하더이다.

색채(色彩)의 향연

가을은
곱디고운 나뭇잎 색깔로
섬돌 위의 귀뚜라미 연주를 곁들여
축제의 향연(饗宴)을 벌인다

구시월 나뭇잎은
머리털이 희끗희끗한
오십 중년 여인의 볼에
여운처럼 남아 있는 연정(戀情)의 색이다

홍시(紅柿)가 갈바람에 흔들리면
이 산 저 산에서 꿩이 화들짝 놀라 소리치고
나무 잎새들이
형형색색, 각양각색 자태를 빚어낸다

어느 신선 화백이
숲 속 나무기둥에 가지를 그리고
주야 청청(靑靑)한 색에
노랑, 주황, 주홍, 갈색 물감을
지상(地上) 화지에 듬뿍 쏟아 놓고

붓으로, 손가락으로 마구 휘저어
천하를 손에 쥔 듯한
함성(喊聲)을
색채로
가을을 그득 채웠다

향연이 끝나면
낙엽으로 첩첩이 대지를 덮어
겨울 나는 풀벌레들의 이불이 되어 주고
자신을 삭여 새 생명의 밑거름으로
엄숙한 시간을 맞는다.

잠든 아카시아 곁을 지나며

겨울잠에 덜 깬 봄바람으로
산행길이 스산하다

앙상한 산 속 길을 걷노라면
늘비한 까만 아카시아 시체들

꿀 향기 소복단장한 꽃이
벌들의 흥겨운 삶 터전이었고
우리네에게는
꿀단지 고향이었는데

여력이 다한 앙상한 몸으로
본향 안식처에 누워
지난날을 그리워한다

옷이 얇은 서민들
가시 몸을 불태워
겨울도 녹여 주는
두터운 외투였었는데

이젠
문명의 이기에
쓸모없는 존재가 되었다

세월 밑거름이 되어
울창한 아카시아꽃 향기 숲을 이루고
벌들의 삶터와 단맛의 고향을
되찾아 주는 꿈을 꾸고 있다.

무명초

햇살 받으며 달그림자 밟으며
삶의 전사(戰士)들이 오간
빨강 보도블록
발자국 틈바구니에
놀라움이 살아가고 있다

블록 사이
바람 길 틈바구니에
이름 모를
풀들이 고개 쳐들고
밟히며 고달픈 삶을
살고 있다

척박한
틈새 삶이지만
살아가야기에
참고 견디며 고달픔을
안고 살아가고 있다

너와 내가
하늘 아래
질긴 끈으로 이어진 삶이기에
거친 길을 함께
헤쳐 나가자꾸나.

이 가을에

탕가니카 호수* 빛깔을 깔아 놓은
양탄자호수
솜털구름도 비켜 가는 하늘

사과나무 잎이 시름시름 앓더니
알알이 알찬 빨간 향기 내뿜으려
밤새 잠 못 이루었나 보다

풀벌레 세레나데 가락에
깊은 잠에 **빠져** 들지 못하지만
맑고 곱게 변해 가는 백발에 두 손 모은다.

* 탕가니카 호수 : 동부 아프리카 4개국에 펼쳐
  있는 세계에서 가장 긴 호수.

솔 분재 앞에서

두 뼘 분재그릇에
삼백오십 년 세월을
안으로 삭이고 웅크리고
잘리며 뒤틀리며
한(恨)으로 살아온
한 뼘 반의 거목 낙락장송이여

어쩜 지난날
우리네 삶을 그렇게도
닮았느뇨.

* 제주 '한림공원'의 분재원에서

뒤돌아보며

한 해가
삭풍(朔風)으로
텅 빈 도시에
그늘과 쓸쓸함만
잔뜩 두고 떠났습니다

봄은
복사꽃 간드러진 몸매로
먼 산 뻐꾸기 소리에 실려
나뭇가지에 사뿐히 내렸습니다

가벼운 연초록으로
한 해를 열고
먹구름, 천둥, 소나기에도
밝은 내일을 그리며 신명났습니다

꿈에 부푼 어느 날
돈키호테 검투사들이 나타나
철부지 칼을 마구 휘둘러
난장(亂場)이 되었습니다

움츠러들었고
진초록 큰 나무는
몸살을 앓으며
죽은 듯 산 듯 기다림에
기린 목이 되었습니다

한 해는 그렇게
인내를 배우며
그렇게 흘렀습니다.

4부
발자국

발자국/ 긴 그리움/ 인생 석양이 되어서야/ 긴 한숨/ 부품을 바꾸고서/
반 뼘의 거리/ 그냥/ 책갈피/ 기다림/ 세월/ 안양천에서/
연당(蓮塘)에서/ 안동잔치국수/ 탄천을 거닐며/ 하이원에서/
삼악산에 오르며/ 이효석 문학관을 찾아서/ 설악산 가는 길에

발자국

눈길 위를 저벅거리면
눈발이 바람 따라
흔적을 지운다

밟히고 밟힌 자국은 찾을 수 없지만
동그라미
한 뼘과 더 큰 뼘
모두 우리 삶의 이웃들의 발자취

활짝 펼친 발자국
층층을 올려 측량한다면
도로의 연령 따라
우리들의 키보다 더 높겠다

앞선 분들의 걸음 흔적을
가슴으로 따라가 보니

굵고 큰 흔적은 묵은 책 속에
눈높이 바로 위를 바라보고
앉아 있었다.

긴 그리움

5월 꼬리 자락에
진초록빛
숲속에 빠져들었다

떡갈나무 잎에서
울 엄마
떡 찌는 냄새 풍겼고
산딸나무 꽃에서
배추꽃 흰 나비 떼를 보았다

빛, 냄새에 취하여
흰 나비가 되어
숲속에 들었다

언뜻언뜻
고향길에
논두렁 밭두렁 오솔길만
아스라이 보이고
동네 아저씨 어깨에 걸친
쇠스랑도 얼핏 보였다

지금도
앞마당 깨죽나무 가지에
까막까치가 울어
동네 사람들 새벽잠을
깨우고 있을까

숲속에서
와자지껄했던
해맑은 벗들의 웃음소리
고향의 숨소리를
들으며

실바람이
산양 몰고 가는 하늘을
바라보니
눈시울이 촉촉하다

지금 숲속에선
그리운 멍 흔적에
가슴이 아려온다.

인생 석양이 되어서야

걸어온 길을 뒤돌아보고
모여 사는 터전을
거울로 비춰 보며
저녁노을이 되어서야 깨달았다

하나에 또를 더하면 둘이 되고
하나, 셋이 될 수 없음이
바른 길이라고 여기며
하루해를 넘기곤 했음을

매스컴에서
뒤틀리게 살아온
두터운 가면을 쓴 이들이
쏟아 놓는 말은
눈살을 찌푸리게 한다

우리네가 없는
자기네 또래만이 살고 있는
골목의 세계로 착각하는 무리들을
연민의 정으로 바라보며

'배움과 가르침'에 대해
회한(悔恨)으로
삶을 반추해 보았다

'배움은 남을 지배함이 아닌
적게 배운 이를 도와주고
이끌어 주기 위함인데'
이 가르침에 가벼이 했음을

인생 석양이 되어서야
고개 깊이 숙인다.

긴 한숨

아스라한 동굴의 기억 한 올에
코흘리개 시절 자투리가
점, 점으로 자리하고 있다

호롱불 아래
배 쭈욱 깔고 엎드려
히죽대며 책장을 넘기고 있노라면

은하수
밤하늘 수놓기를 마칠 즈음
뒷마을 모퉁이에서
한 마리가 멍멍대면
온 동네 개들이 화들짝 놀라 꼬리를
이어 짖어 댔다

도둑 발자국 소리
토방에서 들리는 듯해
책을 집어던지고 이불 속에서
놀란 참새가슴을
쓸어내린 적이 종종 있었다

목덜미 흔적이 또렷한 멍멍이들
재롱 값으로
호사스런 삶으로 주인 곁에 붙어 있다

한 마리가 짖어 대면
온 나라가 들썩거린다
지상(紙上)에서 텔레비전에서

일찍이 타고르가 바라본
'동방의 불꽃'이
힘들어 하고 있으니
서산마루에 걸친
태양을 바라보며 한숨짓는다.

부품을 바꾸고서

'그 모든 것을 보시니
보시기에 심히 좋았더라'

빛과 어둠의 혼돈에서
선명하게 드러난
천지창조에 흡족하신 창조주
심경(心境)을
눈으로 체험하여
이제야 헤아릴 것 같다

내겐 스무 해가 됨직한
늙은 애마가 있어 함께한 세월만큼
정이 깊다

해마다 하나 둘 부속을 갈아 끼우며
어루만져 주고 손질도 하니
가고 싶은 곳을
곧잘 굴러 간다
애지중지하는 필수품이다

점점 낡아 가는 내 몸뚱이도
손볼 곳이 생기기 시작한다

눈으로 들어오는 빛이
맑음이 흐림으로
변질되는 날이 많아져
흰 가운 입은 분을 찾으니
부속품을 갈아 끼워야 한단다

두 눈동자를 갈아 넣으니
안개가 활짝 개인
새 장이 열렸다

아름다움이 풍성해지고
고움이 부풀려
마음의 눈이 스르르
감김 횟수가 잦아졌다.

반 뼘의 거리

소문이 솔바람 타고
부정(否定)이 하늘로 솟구칠 때
입 밖으로 튀어 나오는 말

"아니 땐 굴뚝에 연기 날까."

세상이 현란한 불빛으로
눈부시고 어둡게 하여도
머슴의 붓대로
주인이 쓴 안경에
먹물 뿌리기는 두려운 짓

이조 파당 진흙 쌈질에
백성들 마음의 튼실한 성벽
무너지는 소리
일본까지 울려
삼십육 년의 쓴 어둠을 불러왔다

'위한'의 앞자리에
백성을 넣었더라면
건강한 나라였을 터

오늘을 쳐다보면
지난날과 반 뼘의 거리.

그냥

"백목련,
봄날, 촛불 밝히며 왜 살지."
"그냥."

"까치야,
왜 평생 같은 소리만 내고 사니."
"그냥."

"스님,
산사(山寺) 소리 듣내며 왜 사시나요"
"그냥."

책갈피

가을 끝자락 샛길에
한 해의 고운 적상(積想)을 간직한
잎들이 길가에 흩뿌려져 있다

고운 잎을
한 잎 두 잎 줍는
목이 긴 십대 소녀가 된다

두꺼운 책 속에
황홀경에 취한 잎을 살며시 넣어 눌러
자연의 비밀을 간직한
책갈피가 탄생됐다

문학에 푹 빠져
상상의 날개를 마음껏 펼치다
스르르 눈꺼풀 무게에 짓눌리면

책갈피를 곱게 꽂아
평온한 바다 저 먼 나라로 항해한다

책갈피는
잠시 쉬었다 가는 항구에서
새 출발지를 가리키는 나침판이다.

기다림

나목(裸木)들이
살가죽을 파고드는
칼바람에 떨고 있다

풍성했던
그 시절을 그리며
새싹이 움틀 날을
언 잔가지를 구부려 가며 기다린다

우리네 생활
바이러스 독침
공습에 몸살을 앓고 있다

최신 더 나은 무기로
잃었던 평안 되찾을
그날을
손가락 구부려 가며
기다린다.

2022. 1. 17.

세월

한 톨의 씨가 움터
마을 지킴이 당산나무가 되어 가듯
내일이 또 내일로
누에 꽁무니에서 뽑아내는 하얀 실로
이어진 나날들

주먹 불끈 쥐고 태어난 아이가
층계 따라 자라더니
아들 딸 낳아 부모가 되고
어느 날 거울에 비친
백발노인이 되었다
이어 되고 되더니 또 되고 되어

아침 동산 찬란한 햇살이
종일 밝은 광란을 부리더니
석양 무렵에 주황색 검정막을 쳐서
하루를 덮고
다음날도 그렇게 그리고 또 그렇게

실타래에서 실이 풀려나오듯
내 이마에서 실금이 늘고
다음날도 그렇게 그러더니
백발 숫자가 가난한 집.

안양천에서

태양은 화롯불을
내뿜고 있지만

건들바람 이는
안양천엔 가을이
문턱을 넘고

앙증맞은 코스모스가
떼를 지어
손수건을 흔들며
마중 나왔다

나도 그 꽃 곁에서
고개를 쭉 내밀고
서 있있다.

연당(蓮塘)에서

'가섭'이 깨달음으로 미소 지은
은은한 분홍 향과
해 가리개 잎으로
그득했던 연당

이젠 말라깽이
연 줄기들로 채워진
살얼음 연못 위에
재색 두루미 한 마리

한 발 들고 물속 뚫어져라
발을 바꿔 샅샅이 훑어 봐도
먹이 길이 막힌 살얼음판

내 눈도 두루미 쫓아
연못 한 바퀴 돌았는데도
쪼르르 소리
멎지 않는 긴 부리 속

지친 다리를 오므렸다
힘껏 날개펴
한 바퀴 돌아 미련 남기고
내 눈에서 멀어져 간 두루미

이 된바람 추위에
'어데서 먹이 찾나'
울먹이며 떠나는 모습이

달동네 아저씨 생각이 나서
눈가에 실 이슬이 맺혔다.

안동잔치국수

'안동잔치국수'집 간판이
눈에 들어와
지나칠 때마다
가락 맛이 궁금하여
곁눈질 했다

공원 연못에 비친
하늘 그림자를 보며
바람 밀쳐내며
빨리 걷기한 후에
그 집으로
아내와 동행했다

문 밀자, 정겨운
시골집 대청마루에 온 듯
앞서 찾은 서너 쌍
입에 들어가는 후루룩 소리
마루가 울린다

자리에 앉으니
아주머니 잽싸게

"물 잔치 둘인가요."
고개를 끄덕였다

철렁대는 국물 위로
드러낸 국수 가락
젓가락으로 휘저어
금세 목구멍 포도청으로 넘기자
배꼽이 미소 지었다

지난날 배고픈 서민들 삶에
국수 가락에 국물이라도 풍족히 부어 준
안동지방 후한 인정이
그릇에 배어 있다

국수 가락만 먹고 나오려니
죄스러움으로 고개 숙여졌다.

탄천을 거닐며

탄천 흐름을
세월 거슬러 가듯
온몸으로 걸었다

주위 늘어선 나무들이
일제히 내[川]에 뛰어들어
나를 물끄러미 바라봤다

잃었던 시골의 정겨움이
마음에 촉촉이 배어
세월의 언덕배기를 걸었다

살아온 뒤안길에
널브러진 기억 조각에서
냇물에 비친 얼굴들이
얼핏얼핏 비친다

잉어 떼들이
입을 오물거리며
줄줄이 따르다

내 빈손을 보고
눈을 껌벅이며 흩어진다

연민을 자아내며
먹거리 따라 사는
삶을 되돌아보게 한다

냇물은 묵묵히
내일로 흐르고 있다

탄천 따라 거닐며
고향을 안아 보았다.

하이원에서

묵객이 하루의 피로를
걸머지고
평창 '하이원'에 들어섰다

버스가 기우뚱대며
헐떡거리며
산 속으로 숲 속으로
밀치고 갔다

산소가 팽창하는
이 산골에 발을 디디니
숲에 발목이 붙잡힐 것 같은
마음이 일었다

마스크를 내리고
하얀 산소 한 웅큼 들이켜니
싸한 피톤치드 냄새에
온몸에 생기가 감돌았다

코로나 세균이 지배하는
숨이 콱콱 막히는
풀기 없는 우리네 삶에
푸른 정기(精氣)를
되찾아 주고 싶다

산새, 천정(天頂)의 별들과
밤을 지새니
어깻죽지에 날개가 돋았다

숲을 품고 날아가서
지친 삶의 터전에
마력(魔力)을
펼치고 싶구나.

삼악산에 오르며

춘천서 케이블카로
삼악산에 올라간다는 입소문이
내 귓속을 뱅뱅 돌기에

냅다 한걸음에
청춘열차에 몸을 싣고 달려
케이블카를 탔다

의암호수 위로
떠가듯 날아가듯 미끄러지듯 오르니
먼 산들이 달려와 내 품에 안기고
호수 위에 검은 새가 되어
날개를 퍼덕였다

언뜻언뜻 보이는 산들을 뒤로하고
희뿌연 장막 속으로
밀치듯 오르니 삼악산 정상이다

선들바람이 안개 커튼을 걷어 올리자
호수와 산, 우리네 집들

서로를 곁부축하는 경관이 선명하고
시야가 확 트이어
어느 대장군이 부럽지 않다

취하여 내려오다
붕어섬 위
태양발전 판이 붕어 비늘이 되어
눈살을 찌푸리게 하고
붕어 타는 냄새가 진동한다

인간과 자연이
나와 네가 되어
서로를 품고 사는 삶이
영속(永續)하는 삶인데

의암호수와
하늘은 서로를 바라보며
깊은 시름에 잠겨 있다.

이효석 문학관을 찾아서

'봉평'하면
소금 뿌려 놓은 질펀한 메밀꽃밭이
눈앞에 다가오고
메밀막국수, 메밀전병, 메밀부침에
입엔 연방 침이 고이는 곳

'봉평'하면
이효석 작가가 펜대로
마련한
「메밀꽃 필 무렵」 속에서
장돌뱅이 허 생원과 장꾼 동이 부자가
왼손을 걷어 올리고 서로를 품어 주는 곳

농촌 가래떡날 문학인의 축제
봉평에 발을 디뎠고
환영으로 펄럭이는 첫눈 깃발이
환호성으로 우리를 맞이했다

펄펄 내리는 눈발 사이로
흙냄새와 투박함이 몸에 밴

중절모 쓴 이효석 동상에
미소가 보인다

우리들은 그분 체취의 여운에서
발자국을 찾아보고
그분의 환영(幻影)을
그려 놓기에 바빴다.

                              2021. 11. 11.

설악산 가는 길에

활활 타올랐던 불꽃이
갈색 잎, 재로 변해 나뒹구는
가을 끝자락에
설악산을 찾아 나섰다

얼핏 승용차 백미러에 비친
내 얼굴빛과 닮았다
'어쩜 나무나 사람이나
노후(老朽)의 색은 같을까'

절경을 동영상 찍듯
고개를 좌우로 천천히 휘돌리며
양반걸음으로
내자(內子)와 나란히 걸어 올랐다

신흥사 입구에 서서
사방팔방으로 몸을 돌려 가며
설악산 풍광명미(風光明媚)를
완상(玩賞)하려 했지만
평탄한 시멘트 길이 가던 길을 재촉했다

먼 산봉, 절벽에
소나무가 무리 지어 자리하였기에
고개를 갸우뚱하며 걸었다

길가
길손을 위한 '알림판'에서
비로소 수수께끼가 풀렸다
소나무는 붙박이가 아니라고…(?)

참나무와 햇빛 다툼에
설자리를 밀려나듯 옮기고 옮겨
산등성, 봉우리에 터 잡은 소나무들
경쟁자 없는 바위 절벽 틈새에
오롯이 서 있는 소나무들
세속을 멀리한 신선으로 보였다

내원암(內院庵) 먼발치에서 바라본
아침 햇살을 듬뿍 받으며
거대한 몸집을 솟구치듯
드러낸 울산바위에
감탄과 경외심(敬畏心)이 일었다

발걸음을 뗄 수 없어
넋 놓고 바라보다가
내 무릎 외침에
발걸음을 돌렸다

설악산은
산중(山中) 산의 얼굴로
가슴속에 여운(餘韻)으로
오래도록 자리하고 있다.

           2021. 11. 17~19.

■ 작품해설

삶의 궤적에서 인식하는 시적 진실
― 박종윤 시집 『발자국마다 고인 행복』

김 송 배
(시인·한국시인협회 심의위원)

1. 삶을 통해서 깊이 인식하는 생사(生死)

현대시의 창작이나 감상에서 근래(近來)의 경향을 살펴보면 삶과 인생에 대한 근원적인 문제에 접근하여 시인이 어떤 감응적인 메시지를 들려 주는가에 청자(聽者)의 입장에서 귀를 기울이게 된다. 또한 한편으로는 시인이 착목(着目)한 모든 상황에서 시적으로 취택한 배경에 대한 그림이 어떤 형태로 발현되고 있는가에 대한 관심이 높아지고 있는 현상을 읽을 수 있다.

이러한 시법을 '들려주기(telling)'라 해서 화자가 상황 설정에서부터 결론에 이르러 주제에 상응하는 과정까지 어떤 어조로 작품을 적절하게 전개하는가라는 점에서 다양한 어휘와 화법(話法)으로 우리 독자들을 흡인시키려는 노력을 엿보게 한다.

또한 시인들은 작품의 전개에서 그 상황이 시대적, 혹은 환경적인 요소에서 어떻게 그림으로 색칠할 것인가를 '보여

주기(showing)'로 이미지를 창출하게 된다. 이러한 몇 가지 관점으로 살펴본 박종윤의 시집『발자국마다 고인 행복』에서는 그가 감응하면서 들려주는 화제나 보여주는 형상은 대체로 삶과 세월의 동행을 통해서 깊이 인식하는 인생의 제반 문제들이 망라하고 있음을 간과(看過)하지 못한다.

일찍이 청록파 박두진 시인은「시란 무엇인가에 대하여」란 글에서 시는 언제나 우리의 삶을 새로 출발하도록 고무하며, 그 삶의 근원으로 되돌아가게 할 것이라는 말로 우리들의 삶을 통해서 무엇인가를 새롭게 충전(充電)하도록 제언하는 '들려주기' 메시지를 전해주고 있는 것이다.

박종윤 시인도 이러한 삶에 대하여 작품「인생 석양이 되어서야」에서 '걸어온 길을 뒤돌아보고/ 모여 가는 터전을/ 거울로 비춰 보며/ 저녁 노을이 되어서야 깨달았다'는 어조와 같이 그는 지나온 삶의 궤적(軌跡)을 통해서 삶의 질(qauality of lige)이나 인생을 각성(覺性)하게 되는 삶의 행로에 대한 회상으로 자신을 인식하고 있는 것이다.

> 햇살 받으며 달그림자 밟으며
> 삶의 전사(戰士)들이 오간
> 빨강 보도블록
> 발자국 틈바구니에
> 놀라움이 살아가고 있다

블록 사이
바람 길 틈바구니에
이름 모를
풀들이 고개 처들고
밟히며 고달픈 삶을
살고 있다

척박한
틈새 삶이지만
살아가야기에
참고 견디며 고달픔을
안고 살아가고 있다

너와 내가
하늘 아래
질긴 끈으로 이어진 삶이기에
거친 길음 함께
헤쳐 나가자꾸나.

- 「무명초」 전문

  박종윤 시인은 이 '무명초'를 통해서 '삶의 전사'로서 다채로운 풍상(風霜)을 '살아가고 있다'라고 들려 준다. 그리고 그는 '고달픈 삶'과 '척박한 삶'을 견디면서 살아가고 있음을 토로(吐露)하고 있어서, 어쩌면 우리들의 보편적인 삶에서 감내해야 하는 현실 생활(real life)에 대한 고뇌의 일단이라고 할 수 있을 것이다.

그는 결론적으로 '너와 내가/ 하늘 아래/ 질긴 끈으로 이어진 삶이기에/ 거친 길을 함께/ 헤쳐 나가자꾸나.'라는 어조로 우리들 모두에게 극복의 의지를 한마디의 경종(警鐘)으로 울려 주고 있는 것이다.

그러나 그는 소재에서 '무명초'라는 이름 없는 풀이 바로 자신을 비유하는 것으로써 보편적인 삶을 영위하는 민초(民草)들의 사유(思惟)가 진솔한 인생론으로 발전시키고 있어서 우리들의 공감을 확대하고 있는 것이다.

> 난세엔 영웅이 칼을 높이 치켜들고
> 위기를 승리로
> 환호하는 군중 앞으로
> 늠름한 모습으로 다가선 용사
>
> 코로나19에 점령당한 지구
> 흰 가운 입은
> 주사기 치켜든 용사들이
> 전선으로 돌진했으나
> 밀리고 밀린 우울한 나날들

삶의 구석구석에서
애달픈 한숨 소리
안방에선
트로트가 춤추고 있다

생과 사의 갈림길에서
먹구름이 가득한 얼굴에
울리는 한 가닥 희망 가락이
마음속으로 파고드는
애잔한 소리여.

- 「트로트 시대」 전문

 그렇다. 박종윤 시인은 요즘 유행하는 트로트를 들으면서 '코로나19에 점령당한 지구'의 현재 상황에서 '삶의 구석구석에서/ 애달픈 한숨 소리/ 안방에선/ 트로트가 춤추고 있다'는 역설적인 언어로 우울한 날들의 비애를 교감하고 있어서 그가 탐색하는 삶의 진정한 면모는 '생과 사의 갈림길'이라는 이분법적인 현상에서도 한 가닥 희망의 가락으로 변전(變轉)되고 있는 것이다.
 얼마 전 코로나 괴질이 우리들의 삶과 생명까지도 위협하고 있을 때 어느 방송국에서 유행시킨 트로트의 열풍은 이처럼 난세의 우울한 삶에 활력소를 제공한 사실은 '마음속으로 파고드는/ 애잔한 소리'를 위무(慰撫)의 방편으로 삶과 동행하는 지혜가 나타나고 있는 것이다.

이밖에도 작품 「아직 실버 젊은이」에서 '꺼져 가는 열정에/ 젊은 피에 기름 부어/ 타오르는 예술 창작 열기로/ 삶의 예술혼을/ 활활 살려 가고 있다'거나 「삼악산에 오르며」에서 '인간과 자연이/ 나와 네가 되어/ 서로를 품고 사는 삶이/ 영속(永續)하는 삶인데' 그리고 「언덕배기 노인이 투덜대다」에서도 '지팡이로 발을 끌고 오르내리며/ 바람 구멍이 송송 뚫린/ 흙집에서 삶을 펼쳐 왔다'는 등의 어조로 우리들 삶의 현장을 적나라하게 탐색하고 있는 것이다.

2. 세월과 동행하는 애환의 현장

박종윤 시인은 그동안 삶의 여적(餘滴)에서 인식한 애환의 행보나 지향적 인생관 정립을 위한 회상의 심연(深淵)에는 세월이 언제나 동행하고 있음을 인식하고 있다. 이는 그가 살아온 인생 체험에서 모든 삶의 방식이 이 세월(혹은 시간성)을 배제하지 못하는 섭리를 간과하지 않는다.

일찍이 프랑스의 소설가 생텍쥐페리는 그의 글 「인간의 대지」에서 '세월의 흐름은 보통 사람은 감지하지 못한다. 그들은 일시적인 안온한 가운데 살고 있기 때문이다'라는 명언으로 세월은 아마도 안온보다는 애환이 동행해야 그 진정한 의미를 느낄 수 있음을 말해 주고 있는 것이다.

>동기간으로
>네 송이 들꽃 향기로 자랐는데
>서로 다른 둥지를 틀더니
>찌들은 세월의 조각배가 되었네
>
>탁류에 떠밀려
>시름과 고뇌를 안고
>안으로 삭이며 살더니
>병고에 허옇게 얼룩진 세월
>
>어느 날
>석별지정(惜別之情)도 나누지 못하고
>훌쩍 하늘나라로 떠나니
>둥지에 남은
>가솔들의 애잔함만 그득하오
>
>생의 끝점은 모두 한 곳이라기에
>슬픈 마음을 다독거리며
>훗날 재회의 날을 그리나
>목메어 눈시울만 붉어지는구려.
>
>　　　　-「먼 길 떠난 형님」전문

박종윤 시인은 먼저, 이 시간성에서 지워지려는 형님과의 석별의 정에 대한 애잔함이 '탁류에 떠밀려/ 시름과 고뇌를 안고/ 안으로 삭이며 살더니/ 병고에 허옇게 얼룩진 세월'에서 그의 시심(詩心)은 발현되고 있는 것이다.

　이처럼 그가 세월에 대해서 '석별지정(惜別之情)'이나 '둥지에 남은/ 가솔들의 애잔함'과 '생의 끝점' 그리고 '눈시울만 붉어지는' 현상들은 그가 과거 생활에서 체험한 이미지들이 보여 주는 삶(인생)의 단면에서 정감으로 적시한 어조로 일찍이 장자(莊子)가 말한 '죽음을 보는 것이 삶과 같다'는 생존과정에서 창출하는 세월의 순리라고 할 수 있을 것이다.

　그는 작품 「사랑의 온도」에서도 '땀방울로 얼룩진 무명옷을/ 걸치고 함께한 세월은/ 소 힘줄보다 억세었으나/ 밤 하늘 별빛처럼 고운/ 하트루비였다'는 동류(同類)의 세월과의 동행하는 사유를 이해할 수 있게 한다.

　　한 톨의 씨가 움터
　　마을 지킴이 당산나무가 되어 가듯
　　내일이 또 내일로
　　누에 꽁무니에서 뽑아내는 하얀 실로
　　이어진 나날들

　　주먹 불끈 쥐고 태어난 아이가
　　층계 따라 자라더니

아들 딸 낳아 부모가 되고
어느 날 거울에 비친
백발노인이 되었다
이어 되고 되더니 또 되고 되어

아침 동산 찬란한 햇살이
종일 밝은 광란을 부리더니
석양 무렵에 주황색 검정막을 쳐서
하루를 덮고
다음날도 그렇게 그리고 또 그렇게

실타래에서 실이 풀려나오듯
내 이마에서 실금이 늘고
다음날도 그렇게 그러더니
백발 숫자가 가난한 집.

- 「세월」 전문

 보라. 그는 주마등(走馬燈)으로 지나간 시간을 회상하면서 추출하는 이 '세월'에서 과거는 '누에 꽁무니에서 뽑아내는 하얀 실'처럼 흘러갔지만 '아들 딸 낳아 부모가 되고/ 어느 날 거울에 비친/ 백발노인이 되었다'는 상황 설정에서 알 수 있듯이 그는 '석양 무렵'이나 '내 이마에서 실금이 늘고' 다시 '백발 숫자가 가난한 집'이라는 결론에서 세월의 무상함을 토로하고 있어서 우리들 청자(聽者)의 공감의 영역은 확산되고 있는 것이다.

이 시간의 개념은 과거와 현재, 미래를 압축해서 말하지만 시인들은 과거의 시간(세월)의 획득에서 체험한 다양한 시적 발상이나 소재 그리고 주제를 연결시켜서 자신의 삶과 사유의 정점을 정리하는 습성을 이해하게 한다.

그는 작품 「7월이 오는 길목에서」 '열정, 땀 냄새로/ 범벅이 된 우리 젊은이들// 사면초가(四面楚歌)에/ 뽀얀 전운(戰雲)으로/ 갇혀 있으니// 어느 세월에/ 밝은 앞길이 보이려나// 오늘 밤잠도 설칠 것만 같구나.' 그리고 「사랑의 질」에서도 '고소하지만 속 빈 강정이었고/ 보기 좋으나 끈끈함이 없는/ 부서지기 쉬운 사랑이다// 세월로 쌓은 정을/ 지루하다고 눈길 돌리는/ 찰나의 하트다'라는 어조로 세월이 제공하는 다변적인 메시지를 시적으로 잘 적용하는 그의 화법을 읽을 수 있을 것이다.

3. 그리움의 진원지, 고향과 가족들

박종윤 시인에게서 불망(不忘)의 화두(話頭)는 그리움이라는 대명제에 천착하고 있음을 알 수 있다. 이 그리움의 매체는 대체로 회상에서 다시 재생하는 고향과 그곳에서 생성하는 가족들에 대한 사랑이 그의 뇌리에서 지워지지 않는 영원한 노스탤지어에서 발현하는 시적인 상황 설정이나 전개가 잔잔한 울림으로 현현되고 있다.

  그는 우선, 고향의 주변 환경에 심취하면서 할머니를 비롯한 가족 전부에게서 도출하여 시적인 소재와 주제를 탐구하는 시법을 응용하고 있다. 그는 그가 진실로 그리워하는 진원지가 고향이며, 거기에서 동거해 온 가족들에게서 애틋한 정감의 사랑, 가족애와 교감하려는 노력이 시적으로 형상화하고 있는 것이다.

    5월 꼬리 자락에
    진초록빛
    숲속에 빠져들었다

    떡갈나무 잎에서
    울 엄마
    떡 찌는 냄새 풍겼고
    산딸나무 꽃에서
    배추꽃 흰 나비 떼를 보았다

    빛, 냄새에 취하여
    흰 나비가 되어
    숲속에 들었다

    언뜻언뜻
    고향길에
    논두렁 밭두렁 오솔길만

아스라이 보이고
동네 아저씨 어깨에 걸친
쇠스랑도 얼핏 보였다

지금도
앞마당 깨죽나무 가지에
까막까치가 울어
동네 사람들 새벽잠을
깨우고 있을까

숲속에서
왁자지껄했던
해맑은 벗들의 웃음소리
고향의 숨소리를
들으며

실바람이
산양 몰고 가는 하늘을
바라보니
눈시울이 촉촉하다

지금 숲속에선
그리운 멍 흔적에
가슴이 아려온다.

- 「긴 그리움」 전문

박종윤 시인은 지금 그 회상의 늪에서 '언뜻언뜻/ 고향 길에/ 논두렁 밭두렁 오솔길만/ 아스라이 보이고/ 동네 아저씨 어깨에 걸친/ 쇠스랑도 얼핏 보였다'는 시각적인 이미지에서 고향의 정경을 이해할 수 있으며, 여기에서 '떡갈나무 잎에서/ 울 엄마/ 떡 찌는 냄새 풍겼고/ 산딸나무 꽃에서/ 배추꽃 흰 나비 떼를 보았다'는 형상은 농촌 상황이 우리들에게 '보여주기'의 형태로 작품을 전개하고 있는 것이다.

　그는 다시 '숲 속에서/ 와자지껄했던/ 해맑은 벗들의 웃음소리/ 고향의 숨소리를' 감지하는 그리움이 적시(摘示)되고 있어서 <그리움=고향>이라는 등식이 성립되고 있다. 이러한 현상은 고향을 떠나온 사람들이 공통으로 절감하는 것이 바로 그리움의 현장과 거기에서 생활터전으로 영위해온 우리들 부모들의 사랑이 근원을 이루고 있는 것이다.

　　명절이
　　큰 발자국으로 성큼 다가오면
　　지워질 뻔했던
　　고향길이 활기를 띈다

　　가는 이나 맞는 이들
　　마음 둥지 안에서
　　기린 목이 된다

주름투성이 부모님은
동네 입구에 서서
그리움을 눈으로
끔뻑거리며 망부석이 된다

달려오는 손주들
끌어안고
볼을 비비대며
닫혔던 웃음보 터뜨리니
아팠던 허리, 무릎이 거짓말처럼 낫는다

고향 밤은 짧고
동네방네는 시끌벅적하다

명절은 우리 삶의 활력소다.

- 「명절」 전문

 다음은 고향에서 지냈던 고향-지워질 뻔했던 고향길이 활기를 띄는 '명절'을 맞이하면 더욱 그리움의 형태가 간절해지고 가족들에 대한 사랑이 애절하게 표면화한다. 그렇다. 박종윤 시인은 명절 때만 되면 '주름투성이 부모님은/ 동네 입구에 서서/ 그리움을 눈으로/ 끔뻑거리며 망부석이' 되는 상황은 아마도 이러한 고향 체험이 있는 독자들은 이해가

빠르게 가동해서 부모님과 자식 간의, 그리고 손주들까지도 사랑과 그리움의 범주(範疇)에서 벗어나지 못한다.

그래서 그는 온 동네가 밤새도록 시끌벅적한 명절은 결론으로 '명절은 우리 삶의 활력소다.'라고 단정하면서 그리움의 여운은 영원히 불망으로 남아있게 되는 아름다운 민족적 풍속이라고 할 수 있을 것이다.

이처럼 가족 전체에 대한 사랑과 그리움이 내포(內包)된 화자의 어조는 다음과 같이 나타나고 있다. 그의 간절한 그리움에 우리는 숙연해지기도 한다.

<할머니>-호랑이가… / "아이, 무서워! 할머니 그 다음엔~"/ 우리들은 가슴 졸였지만/ 눈방울은 별빛 닮았었다(「아파트 숲 별빛」 중에서)

<외할머니>-"아이구, 우리 강아지 왔구나!"/ 팔 활짝 벌리고 뛰쳐나오셨던/ 입가 함박꽃만 덩그러니 핀/ 합죽이 우리 외할머니 (「강아지」 중에서)

<부모와 자식>-응달과 양달의 거리는/ 거기가/ 거긴 듯 보이는데// 부모 삶 온도차로/ 응달 자식들이/ 힘겨워한다. (「양달과 응달」 중에서)

자식은/ 일생 동안/ 어버이 품 속에서 허우적댄다// 무한(無限)은/ 시퍼런 색인 것을.(「무한의 색깔은」 중에서)

<아내>-미소 띤/ 아내 얼굴/ 그냥/ 한 번 바라보고/ 저녁

을 들었다.(「칠첨반상」 중에서)

아내가/ 굉음 청소기를 밀고 다니다가/ 쓰레기 모인 통을 보인다// 내 몸 부스러기들이다(「이제 철들다」 중에서)

<손자>-네 아빤/ 너만 했을 무렵/ 내가 숨가쁘게 살아왔기에// 눈을 지그시 감을 때만/ 내 앞에/ 아른거렸는데// 눈을 지그시 감아도 눈을 떠도/ 천연덕스럽게 조잘대는 개구쟁이/ 토닥거리고 싶은 너.(「손자」 전문)

조국이 오랜 세월/ 오열(嗚咽)하고 있었음을/ 온몸으로 느끼며/ 두 동강난 산하를 묵묵히 바라보는/ 손자는 무슨 생각을 하고 있을까(「곤돌라를 타다」 중에서)

4. 자연 서정과 계절 감응의 시점

박종윤 시인은 서정적인 경지를 개척한 친자연의 순수서정을 지향하고 있다. 그의 서정은 자연 풍광을 기저(基底)로 해서 그곳에서 전개되는 자연 섭리에 순응하는 광활한 사유를 공존하는 시인이다.

그는 사계절에 따라서 자연환경의 오묘한 변화현상에 지대한 관심을 집중하면서 만유(萬有) 자연의 무쌍(無雙)한 표정에 대하여 조응(照應)하거나 감탄하면서 미적 수사(修辭-rhetoeic)로서 우리들에게 상황을 전해 주거나 또는 자연 현장에 동화(同化) 되어 우리 인간들에게 어떤 중요한 메시지를 전해주는 정감적 시법에 감동하게 된다.

> 하품 따라
> 늘어지게 기지개 켜는
> 흰 비행기가 하얀 실금을 그으며
> 봄나들이 간다
>
> 매화가 앞장서고
> 진달래 바짝 뒤따르며
> 개나리, 백목련이 나란히
> 거무튀튀했던 색을 밀쳐내고
> 치장하며 찾아든다
>
> 땅바닥에 바짝 웅크린 노란 민들레
> 옹기종기 제비꽃과 봄까치꽃
> 쑥쑥 자란 쑥을 캐어
> 끼니를 때우는 나물 뜯는 사람들꽃
>
> 길 따라 벚꽃이
> 흐드러지게 흩날리니
> 구경꾼들 활짝 열린 입에
> 벚꽃잎이 알알이 박혀 있다.
>
> -「봄」전문

박종윤 시인은 우선 '봄'에 대하여 새 생명을 소생케 하는 신비한 생명력을 지상에 탄생시키는 섭리에서 그는 만물의 생존철학을 감지하고 있는 것이다. 그는 이 봄이라는 계절이 제공하는 현장에서 먼저 착목하는 정경이 바로 꽃들의 향연이다.

　여기에 등장하는 화훼류는 매화, 진달래, 개나리, 백목련과 민들레, 제비꽃, 봄까치꽃, 쑥 그리고 벚꽃 등으로 총망라 되어 봄의 향훈이 천지를 진동하는 낙원의 경지에 이르고 있어서 사계절 중에서도 봄이 적시하는 이미지는 더욱 활기 넘치는 우리들의 심저(心底)를 풍요롭게 장식하고 있는 것이다.

　이 밖에도 프리지아꽃, 하와이 무궁화, 국화, 아카시아, 이파리 등등에서 봄과 상관하는 꽃들의 이미지가 자연과 친숙한 우리 인간들의 의식을 새 희망과 각오를 제공하는 계절 순환의 순정적인 서정성에 공감하게 한다.

　　참새 숨결에도 미동(微動)하던
　　여리디여린 잎이
　　가랑비 맞고 뇌성벽력에
　　턱밑이 보송보송
　　억센 털로 짙게 변하더니

　　현란한 가을이 오니
　　나뭇잎 속은 이미
　　붉게 타 들어가고

화려함 뒤에 오는
공허를 간직하고
바람결 따라 낙엽으로
나뒹굴다

눈이 오면 소복차림으로
눈을 감으며

눈 뜨는 봄이면
햇살이
영롱한 아침 이슬 새싹을
수(繡)놓는다.

- 「이파리 일생」 전문

이렇게 감득(感得)하는 자연 소재에서 박종윤 시인이 천착하는 주제는 그의 인생적인 지향점이 언제나 순수하고 정갈한 이미지, 즉 휴머니즘(humanism)의 창출이 그가 구가하려는 시적인 진실임은 확고하다.

그는 이 '이파리의 일생'을 통해서 자연의 변화에서 감응하게 되는 이미지는 우리 인간들에게 바로 '화려함 뒤에 오는/ 공허를 간직하고/ 바람결 따라 낙엽으로/ 나뒹구는' 이파리의 종말과 어떤 차이점이 있는가를 숙고(熟考)하는 인생관으로 변모하고 있는 것이다.

  이 이파리는 가랑비와 현란한 가을과 눈이 오는 계절 그리고 다시 '눈 뜨는 봄이면' 자연스럽게 그 일생이 생사고락(生死苦樂)과 같은 우리 인간들의 한생을 연상케 하는 시적 전개는 결론적으로 '공허'라는 허무의식으로 전환하는 비유가 인간과 자연은 일체(一體)라는 설득력 있는 지향점을 보여 주고 있는 것이다.

  그는 작품「오월 숲에서」'진초록 숲정이 호수에/ 허우적대는/ 낯익은 나그네 영상',「사월에」에서 '찌든 삶도/ 자연의 눈길을 주고받으니/ 지금 발 디디는 곳이/ 즐거움으로/ 가득 채워 있었다.',「이 가을에」에서 '단풍은 가을 메신저/ 바람에 휙 던져 준 한 장의 서신/ 한 해는 붉으락푸르락/ 온 산에 온통 우리네 마음이 걸려 있다' 그리고「색채(色彩)의 향연」에서도 '향연이 끝나면/ 낙엽으로 첩첩이 대지를 덮어/ 겨울나는 풀벌레들의 이불이 되어 주고/ 자신을 삭여 새 생명의 밑거름으로/ 엄숙한 시간을 맞는다.'는 등의 어조로 계절과 자연의 동행에서 획득하는 만물에서 우리 인간들과 교감하는 주제의 순수성이 잘 현현되고 있는 것이다.

  이 밖에도 작품「7월이 오는 길목에 서서」「불볕더위」「오늘 우수(雨水)란다」「보름달」등등에서 시간과 자연이 신비로운 조화(調和)로 인간과도 화해하는 시법은 박종윤 시인의 서정적인 안온한 순정미를 이해하게 되는 것이다.

5. 결 - 존재와 기원의 의지

박종윤 시집 『발자국마다 고인 행복』 읽기를 마무리한다. 그는 일찍이 교직에 출발하여 한평생을 봉사하면서 문학적 소양을 확립하기 위해서 수필과 시로 등단하여 오랫동안 활동해 온 우리 문단의 중견 문인이다.

그는 이미 <시인의 말>에서 '평소 생활 가운데서 애정 어린 눈길로/ 다양한 각도와 깊이로 보고 생각하며 느껴/ 누구나 읽고 고개를 끄덕이며/ 호주머니에 넣고 여행을 떠나며/ 일하다 잠시 짬을 내어 펼쳐 보는/ 詩를 쓰고 싶었습니다.'라는 소망과 기원의 의지로 그의 진정한 심중을 토로한 바와 같이 그는 지금도 『발자국마다 고인 행복』을 바탕으로 시를 위한 강렬한 메시지를 발산하고 있는 것이다.

지그시 눈 감으면
내가 곧 물이요
물이 내 자신이 된다

물아일체(物我一體)의
경지(境地)가 아니겠는가.

- 「개울물 소리」 중에서

그는 우선, 삶과 생존의 문제를 더욱 감미롭게 해소하는 해법을 찾기 전에 물이 된 자신을 향해서 '물아일체(物我一體)의/ 경지(境地)가 아니겠는가.'라는 의문으로 자아(自我)의 존재 이유와 지향의식을 설정하고 있는 것이다.

이러한 의문에 대한 명징(明澄)한 해답은 앞에서 시를 쓰고 싶었다는 간구(懇求)의 어조에서 이해할 수 있듯이 그는 '내 노구(老軀)를/ 저 녹파(綠波)에 던져// 생기 넘치는/ 젊음을 되찾고 싶다.'(「곰배령 산마루에서」 중에서)의 '…싶다'라는 확고한 기원의 의지로 자신의 소회(所懷)를 나타내고 있어서 그의 심안이나 심중을 이 시집 전체의 작품에서 예감할 수 있게 한다.

내 삶 깊숙이
이 향기를
맑고 곱게 간직하였다가
힘겨운 시름에 잠길 때
아, 향기로
자신을 겹겹이 씻기고 싶다.

- 「문주란」 중에서

그는 '나'라는 화자를 설정하고 문주란의 향기와 동일한

심지(心地)로 자아의 존재와 대칭하는 시법이 진지하게 발현하고 있어서 그가 간절하게 소원하는 인생관이나 가치관은 시를 통해서 성취하려는 순정미가 넘치고 있음을 이해하게 한다. 이러한 그의 서정적 자아 구현 노력은 모든 소재에서 명민(明敏)하게 시적 진실로 형상화하고 있어서 그 감명(感銘)은 더욱 배가(倍加)되고 있는 것이다.

시집 출간을 진심으로 축하한다.

박종윤 시집

발자국마다 고인 행복

지은이 박 종 윤
펴낸이 이 재 갑
펴낸곳 도서출판 문예사조
등록 2-1071 (1990. 10. 15)

04558 서울시 중구 퇴계로 41길 8 (충무로 4가)
Tel. 02-720-5328, 2272-9095
Fax. 02-2272-9230

http://www.munyesajo.co.kr
e-mail : mysj5328@hanmail.net

발행일 2022년 4월 29일

잘못된 책은 바꿔 드립니다.

값 13,000 원

ISBN 978-89-5724-275-9